JN437969

촛불의 푸념

촛불의 푸념

한 두 현 제02시집

을지출판공사

■ 시인의 말

사나운 말[馬, 言]

사나운 말[馬, 言]
마구간 뛰쳐나와 달리니 주위가 혼비백산

공(功)드린 큰 공[球]
덱데구루루 굴러 멀리멀리 사라져 버리고

높이 높이 쌓인 복(福)
우르르 무너져 납작 엎드려(伏) 허무하네

미리미리 마구간 말[馬]이나
입속에 말[言]이나 단단히 묶어 놓을 일이지

이미 달아나 버린 말
제갈공명인들 무슨 수로 잡아올 수 있으리

2018년 새해 아침

각공서재에서
中里 한 두 현

CONTENTS

차 례

제 1 부 하루만 더

제 2 부 色은 Diamond

CONTENTS

제 3 부 달랑 시 배낭 하나

제 4 부 촛불의 푸념

제 5 부 역사교육

제 6 부 오른손잡이의 위기

제 7 부 팔순 굿 한 판

제 1 부

하루만 더

어언 5년 만에

사고 싶은 책 있어도
가는 계단 무서워 주저주저하다가

어언 5년 지난 오늘
엘리베이터나 에스컬레이터가 생겼겠지

막연한 추측으로
뚜벅뚜벅 지팡이 짚고 길을 떠났다

없으면 돌아올 각오인데
지하 내려가는 에스컬레이터가 나를 반겨 준다

5년 만에 들른 영풍문고
위치만 그대로 아주아주 많이 잘 바뀌어 있었다

한번 휘둘러보고 책 두 권 사면서
내 책 목록 확인하니 모두 있으나 재고는 0

기나긴 세월
진열대에서 내려진 건 당연한 일 자위하면서

언젠가 언젠가
남아 있는 내 이름도 저서 목록도 사라질 텐데

몇 번의 죽을 고비 넘겨
나의 존재감 느낄 수 있는 것만으로도 만족해야지

돌아오는 길
일요일 열어 놓은 점포가 정다워 머리 커버 약을 샀다

얼마 남지 않은 생애
무엇이 값진 마무리가 될까 골똘히 생각에 잠긴 하루

2016. 3. 13

뭐 우리 형이?

우리 아버지
살려 주셔서 감사해요

뭐 우리 형이
자네 아버님을 살렸다고

한국 최고를 자부하는
췌장암 명의 아우가 내뱉은 말

이제까지 내가 형에게
부탁한 사람이 한 명도 살아난 걸 못 봤는데

우리 형이
이제 사람을 살릴 줄도 아는 모양이네

3년 전 췌장암 판정을 받고
서울대 및 하버드대 선배에게 부탁했던 일

명의란 간판이 허구일까
병이 인간의 한계를 막아서서일까

AI가 발달되는 날
언젠가는 이 얘기는 코미디가 될지 모를 일

2016. 3. 19

솜사탕꽃 나무

매년 이맘때
13층 내 사무실에서 내려다보이는 학교 정문 안

우람한 꽃나무
어른 주먹보다 큰 솜사탕꽃 주렁주렁 매달고 있다

1894년 9월 18일
우리나라 최초 고종이 세운 관립교동초등학교

일제가 아닌
우리가 세운 첫 학교라 늘 자부심 가졌는데

아주 보기 드문
벚꽃나무가 있어 벼르고 벼른 지 20년이 되어서야

힘들게 힘들게
경비아저씨한테 부탁해 한 송이 얻은 이 기쁨

집에 꽂아 놓고
자세히 살펴보니 꽃이 무려 50개나 뭉쳐 있는 게 아니야

누가 언제 어디서인진 몰라도
뜻 깊은 교정에 피어나 뭉쳐야 아름답다는 교훈을 주는
구나

2016. 4. 10

유령(幽靈)인간

유령도 아닌 것이
완전한 인간도 아닌 것이

요즘 부쩍 늘어나다 보니
나도 가끔 유령인간 취급받는다는 느낌

돌이켜 보면
장인어른이 요양원 병실에 계실 때

우리들이
인간 아닌 유령인간 대접하지 않았던가

몇 번의 죽을 고비 넘기다 보니
내 주위도 나를 유령에 가까운 인간쯤으로 여긴다는 감(感)

그게 싫어
매일 아침 차를 몰고 출근을 한다

산보를 하다
누가 길을 물어 오면 아주 반갑다

점심에 음식점 들어갈 때
“어서 오십시오”라는 인사에도 감동을 받는다

언제 유령에 가까운 처지가 될지 몰라도
아직은 아니다 온전한 인간 취급을 받으며 살고 싶다

한편 달리 생각해 보면
문틈에 낀 손가락 빠지니 콧잔등이 매지근해져 그런 건
아닐는지

2016. 4. 13

단골이 된 식당

매일 오시네요
네 여러 가지로 편안해서요

종로생활 20년째
수천 번을 지나다니면서도 이제야 들르다니

단골이 별거
한 번이 두 번 세 번 되는 이유 간단한데

혼자 다니는 나로선
눈치 보이지 않는 편안한 좌석이 첫째

입맛이 까다로워
맛이 편안해야 하는 게 두 번째

신경이 예민해
다정하고 편안한 서비스가 세 번째

굳이 더 든다면
품질과 양에 비해 편안한 가격이 네 번째

네 가지 다 갖춘 순천家 식당
늘 손님이 알맞게 버글버글해 더욱 흐뭇한데

파리 날리다 문 닫는 곳들
무에 그리 어려워 손님 편안히 맞이하지 못하나

2016. 4. 15

겨우 보처자(保妻子)라니

내가 어렸을 때
할아버지 사위 자랑 신나게 하신다

우리 사위
보처자를 제대로 하니 잘 얻었다는 말씀

겨우 보처자라니
자화자찬도 너무 심하시다는 생각이 들었다

사나이로 태어나
제 처자식을 편안히 보전하는 거야 당연한 일

그런데 그런데 그때
요절한 사위를 둔 외할아버지 생각은 왜 못했을까

나 또한 사위
고르고 골랐지만 처자식 건사 잘 하고 있는 건지

부끄럽고 부끄럽다
어린 혈기에 자기본분을 다하기가 어려운 줄 몰라

세상 장인들 중
얼마나 우리 할아버지처럼 사위 자랑할 수 있을는지

2016. 4. 16

착한 말[言] 한마디

"참 멋이 있으시네요"
처음엔 내 귀를 의심했다

얼마 만인가
아마도 10년은 훨씬 넘었으리

주차장으로
내려가던 엘리베이터 안에서 일어난 일

스마트폰을 열심히 하면서
중간에 탄 청년이 어느 층을 가는지 신경을 놓아

"몇 층을 가시나요?"
물으니 "아! 1층이요" 하기에 눌러 줬더니

감색 캡에 같은 색 싱글마이 왼팔에 걸치고
흰 샤쓰 빨간 타이 흰 운동화를 신은 나에게 던진 말

"뭘요 다 늙은이인데"
하면서도 그렇게 기분이 좋을 수 없었다

늘 듣던 시절엔
별 감동을 받지 못했는데 얼마나 고팠기에

가정교육 잘 받아
복 지을 줄 아는 그 청년이 갑자기 좋아졌다

착한 말 한마디와
사나운 말 한마디가 복(福)과 화(禍) 가른다 생각하면서

2016. 4. 22

뿌듯한 아버지 제사

올해로
일흔여섯 번째라 어찌 뿌듯하지 않으리

단 한 번의
궐사(闕祀)도 없이 오롯이 유세차유세차

결혼 날짜 받아 놓아도
우환이나 초상이 나도 안 되니 걱정걱정

6.25동란 중에도
지난 5년간의 중병 중에도 용케용케

인간의 힘만은 아닐 듯
보이지 않는 도움이 아니고서는 어찌어찌

귓가에 생생한 어머니 음성
어릴 적 곤히 잠든 나를 애처롭게 깨우시던

두현아! 두현아!
일어나야지 일어나 아버지 제사를 지내야지

첫잔을 올리던 고사리 손이
이제 거친 주름 잡힌 늙은 손이 되었건만

세월이 흐르면 흐를수록
더욱 더 간절해지는 내년에도 탈 없이 하는 마음

2016. 5. 1

나는 전과자

나는 전과자(前科者)
잡범(雜犯)도 아닌 중죄(重罪) 저지른

두 번씩이나
사형선고(死刑宣告)※ 받고 가석방(假釋放) 된

미안하고 미안해
뒷바라지 하느라 몸과 마음 상한 고마운 이들

주위가 꺼려한다
내가 다가가는 것도 나에게 다가오는 것도

당연한 거지
언제 무슨 일을 저지를지 모르니
하기야
나도 나를 믿을 수 없으니 누굴 탓하랴

이해할 것 같다
담 높은 집을 드나드는 사람들의 심정을

자유(自由)의 몸 되어
사회의 일원으로 당당히 살아갈 수 있을지

※ 1) 아주 극심한 敗血症으로 첫 번째 받은 사형선고(2011)
2) 膵臟癌수술 다음 해 肝으로 轉移되어 두 번째 받은 사형선고 (2014)

2016. 5. 2

하루만 더

미워서 미워서
밤잠을 설친다구요?

사라져 버리면
속이 시원하겠다구요?

불타는 복수심에
이를 부득부득 간다구요?

마시구려 마시구려
주먹이나 농약이나 칼부림만은

힘쓰시구려 힘쓰시구려
건강관리랑 체력 단련에 매일매일

사시구려 사시구려
더도 말고 하루만 더, 미운 놈보다

2016. 4. 6

죽음의 등급

수(秀)려한 죽음--돌아갔어? 참 아쉽네, 많은 일 하더니

우(優)아한 죽음--떠났어? 더 살 걸, 아까운 사람인데

미(美)욱한 죽음--갔다구? 잘갔지, 어리석은 짓만 하더니

양(良)아치 죽음--죽었어? 잘 죽었지, 찰거머리 짓만 하더니

가(可)련한 죽음--뒈졌어? 속이 후련하네, 나쁜 짓만 골라 하더니

2016. 5. 8

어버이날의 기대치

60대 어버이날엔
효도관광 기대해도 좋다

70대 어버이날엔
밥 한 끼 기대해도 좋다

80대 어버이날엔
간단한 선물 기대해도 좋다

90대 어버이날엔
카네이션 한 송이 기대해도 좋다

100대 어버이날엔
전화 한 통화는 물론 아무것도 기대하지 말라

2016. 5. 10

자식들의 효심

자식들의 효심
시들시들해지고 있다고 느끼거든

당신의 몸은
시들시들해지고 있지 않나 돌이켜 보시구려

자식들의 효심
지루지루해지고 있다고 느끼거든

당신의 삶은
지루지루해지고 있지 않나 돌이켜 보시구려

자식들의 효심
깜박깜박해지고 있다고 느끼거든

당신의 정신은
깜박깜박해지고 있지 않나 돌이켜 보시구려

2016. 5. 11

그랬다면 말도 안 해

대문 마주보고 산 지가 짧다면
말도 안 해 무려40년이 넘었는데

아이들이 동기동창이 아니라면
말도 안 해 아들딸이 같은 학교를 다녔는데

못 배운 무식한 집이라면
말도 안 해 중고등학교 선생으로 퇴직했는데

못 본 척하고 살아왔다면
말도 안 해 매년 고사떡을 꼭꼭 나누어 주었는데

오랜 동안 만나지 못했다면
말도 안 해 며칠 전에 길에서 만나 인사를 했는데

독실한 신앙인이 아니었다면
말도 안 해 그집 아들은 목사 만들어 이민 보냈는데

빚을 지고 야반도주한 거라면
말도 안 해 시뻘건 대낮에 한 마디 말도 없이 사라지다니

우리는 이웃사촌으로 알고 살아왔는데
그들은 우리를 몰아낼 이교도쯤으로 본 게 아니고서야
어찌

한편 생각하면 측은한 마음이 들기도 한다
편협한 배타적 믿음에 갇혀 기나긴 세월 얼마나 괴로웠
을지

2016. 5. 14

베이컨 크림 파스타(bacon cream spaghetti)

사진 한 장
내 산보 길에 내걸린

유난히 좋아하는
베이컨이 듬뿍 들어 있는

벼르고 별러
들어가 주문을 했지

그런데 이게 웬 말
차라리 크림 스파게티라 할 일이지

먹고 나오며 씨부렁거린 말
이 나이에 사기를 당하다니 사람도 아닌 사진한테

2016. 5. 12

제 2 부

色은 Diamond

무덤 돌

뉘인들 부모 무덤에
멋진 둘레돌 두르고 싶지 않으랴

뉘인들 부모 무덤에
높은 용머리 비석 거북등에 세우고 싶지 않으랴

뉘인들 부모 무덤에
근엄한 문인석이나 무관석 나란히 세우고 싶지 않으랴

뉘인들 부모 무덤에
아름다운 장명등(長明燈) 세워 훤하게 밝히고 싶지 않으랴

그런데 내 고향스페셜 보다 보니
시골 할매가 넋두리 늘어놓는 남편무덤 장면이 나오는데

아 글쎄 재상을 지내고도
임금님의 문상 못 받으면 세울 수 없다는 장명등까지 버젓이

무지몽매해 세운 사람이야 그렇다손 치더라도

어찌 KBS가 우리 전통문화 무시한 영상 그냥 내보낸단 말인가

돈이 있다 하여 늘어놓는 무덤 돌은
남의 조롱거리 만들어 주고 자연경관 훼손한다는 걸 알아야지

2016. 5. 20

제 얼굴은 못 보는 인간

식탁에 앉아마자
힐끔힐끔 쳐다보는 사오십 대로 보이는 젊은이

배낭 메고 등산복 차림의
세 사람 중 맞은편에 앉은 선하디선하게 생긴

흰 샤쓰에 빨간 넥타이
내 옷차림이 남달라 그런 건가 하는 의심만 가진 채

산보를 마치고
사무실에 와 깜짝 놀랐다 왼쪽 눈가에 하얀 페인트라니

선크림이 문제야
바른 후 한 시간이면 흡수됐는데 새로 바꾼 놈이 말썽

누굴 원망하랴
제 얼굴도 못 본 내 탓 은박지 닮은 손거울 하나 구해야

말을 해줄까 말까
입이 얼마나 간지러웠을까 미안한 생각마저

흰 페인트칠쯤이야
한번 웃고 넘길 수도 있는 일이지만

남의 흠집 잘도 찾아내던 전 고위직 법관
제 얼굴에 먹칠하는 건 모르고 있다가 쇠고랑까지 찬대
서야

2016. 5. 23

멍멍멍 조 아무개[犬]

조(趙)씨 종친　개망신

허위 학력자　개망신

신학대생　　개망신

화계장터　　개망신

대중가수　　개망신

방송연예인　개망신

그림쟁이　　개망신

갑(甲)질쟁이　개망신

사기꾼9단　　개망신

조현병(調絃病)*의
조(調)씨도 입을 딱 벌릴 판

개[犬]를 아주
싫어했으니 망정이지

좋아했더라면
내 마음도 개[犬]망신 당할 뻔

* 조현병--정신분열증을 언어순화 차원에서 일컫는 말

2016. 5. 28

추락하는 친정엄마

어쩌다어쩌다
이 지경에 이 지경에

얼마나얼마나
철석같이 믿거라믿거라

보는 대로 듣는 대로
이것도 싫어 저것도 싫어 하였기로

친정엄마 전화가
이 세상에서 제일 무서워졌나

추락하더라도
살살살 곱게곱게 떨어지구려

꽈다당꽈다당
곤두박질치다가는 골반 뼈 부러질라

아들보다
딸딸딸 딸이 좋다 노래 부르더니

딸 없는 이
낙상할 일 없어 다칠 걱정 덜었구려

2016. 6. 1

발길이 멀어지는 식당

들 때 날 때
한 마디 인사에 인색한 집

좌석이 적어
눈치를 보며 먹어야 하는 집

앉아 있는데
이리저리 옮기라고 하는 집

2인분은 되고
1인분은 안 된다는 많고 많은 집

구이만 하고
조림이나 찌개는 안 하는 집

냉동육은 되고
생고기는 취급 안 하는 집

메인만 믿고
밑반찬에 너무 소홀한 집

몇 번을 가도
손님 취향을 파악 못하는 집

한 사람의 발길이
두 사람 세 사람으로 이어지면 썰렁해지고 말리니

2016. 6. 4

맨손체조가 되다니

오늘 아침 4시에
일어나자마자 시도해 봤다

5년 전에는
하루도 빠짐없이 하던 맨손체조

수술한 발목이 아파
몸의 균형이 잡히지 않아 못하던

이게 웬일 되다니
옆구리 목 허리운동-- 간단하지만

몇 번씩 하려다
실패 실패해 엄두가 나지 않았는데

신기 신기해
몸이 잊지 않고 방법과 순서를 따라

아주 조그마한 일이
이처럼 큰 기쁨과 행복감을 주다니

살련다 살련다
잃어버린 것들을 하나하나 찾는 기쁨으로

2016. 6. 8

친절한 금니

싫어싫어
치과 치과는 어리광부린 지 몇 달

왼쪽 어금니
쪽난 게 견딜 만해 내일내일 미루다

참다참다
오른쪽 어금니에 씌운 금이 성큼 나섰네

이래도이래도
연한 토스트를 씹는데 슬쩍 손을 놔버려

부랴부랴
치과에 예약을 하고 가게 되었다네

얼마나얼마나
보기가 딱했으면 친절하게 앞장을 섰겠나

미안미안해
요즘 게을러진 주인을 너무 나무라지 마시구려

2016. 6. 14

틈새의 짜릿한 맛

정오경
예약한 CT 촬영

사정상
3시간 전 도착 접수

틈새 있어
일찍 찍은 짜릿한 맛

이만한
살맛 나는 것도 드물어

그렇다고
미녀 틈새 노리다 개망신 당한

전직 국회의장 박 아무개
전직 전경련 회장 손 아무개처럼 되진 말아야지

2016. 5. 25

돌이켜 본 나의 6 · 25

쿵쿵쿵 북쪽북쪽
6학년 졸업반 일손 돕기 모심는 바로 그 일요일 원주
노숲

멀리서 은은히 들려오는
처음 들어보는 그 소리가 나의 삶을 송두리째 바꿀 줄
이야

얼마 지나 웅성웅성 춘천 피난민
이어 온 미모의 여군 장교 북괴국가 빨치산 혁명의 노래
노래

날이면 날마다 하늘을 날아온 쌕쌕쌕
제트기 바라보며 몰래몰래 손뼉 치며 기다리고 기다리
던 날들

쿵 쿵 쿵 쿵 쿵 서쪽 서쪽
뒷동산에 올라 듣던 인천상륙작전 포성 신나는 해방의
종소리

안심도 잠깐 꽹 꽹 꽹 중공군 꽹과리 소리

남으로 남으로 꼬르록 꼬르록 배 움켜잡고 가던 지게 진 피난꾼

살려줘 살려줘 살려줘 저 비명 소리 들리지 않는가
무간지옥에 떨어져 애절하게 울부짖는 김일성 스탈린 모택동의

구해 주지 않으리 구해 주지 않으리라
내가 득도하여 부처가 된다 해도 저들에게 자비심은 베풀지 않으리

두 번 다시는 우리 인류 역사상 되풀이 없게
몇 겁이 지나고 또 지나도 내버려 두어 본보기로 삼으리 삼으리라

2016. 6. 25

움직이는 개인화장실

매일 매일 본다
쭈글쭈글한, 되게 뚱뚱한, 아주 작은 천태만상의 개인화장실을

똑바로 쳐다보지 못한다
나를 용변 볼 수요자로 알고 윙크를 하며 따라오기 때문에

피카디리극장 골목
점심을 하고 산보를 하자면 반드시 지나가야 하는 길이기에

하필이면 왜 저럴까
설거지 할 사람을 못 구해 식당주인들은 난리가 났다는데

누굴 나무랄 수 있으리오
저들을 원하는 수요가 있지 않다면 길거리에 왜 서 있으랴

아무래도 환경이 좋지 않아

공중화장실을 마련하여 여기저기서 오줌똥 냄새를 없앴으면

위생검사 건강검진도 잘해
공급자나 수요자나 안심하게 되면 늘어나는 관광객도 좋으리라

어차피 용변은 봐야 하는 것
법으로만 제재하면서 실제로는 눈감아 주는 행태는 더 볼 수 없어

선진국에도 시행되는데
뭐 잘났다고 말끔하게 처리하지 못하고 퀴퀴한 냄새를 풍기게 하나

2016. 7. 3

층간소음의 악령

층간분쟁이 일어나면
피 냄새를 맡은 악령(惡靈)이 덩실덩실 춤을 추며 달려
온다

가해자여! 살고 싶거든
이미 무지막지한 그의 인질로 잡혀 있다는 걸 알아야
한다

변명일랑 하지 마라
굽실굽실거리며 무엇이든 시키는 대로 하겠노라 말하라

그래도 피해자가 만족하지 못하면
몇 번이고 비위를 맞추며 하라는 대로 고치고 또 고쳐야
한다

그가 요구하는 게 아무리
무리하다 해도 코란을 암송하라면 하고 성경을 외우라
면 외워라

불손한 태도나 반항은

죽음을 재촉하는 무모한 짓 당신에게는 이미 인권 따위는 없다

도저히 실행할 수 없으면
기회를 봐서 도망을 쳐라 멀리멀리 그래야 목숨을 부지하리니

당신이 볼모로 잡혀 있다는 걸
깜박 잊는 순간 피에 목마른 악령은 쾌재 쾌재를 부르리 부르리라

2016. 7. 6

아주 작은 바램 하나

이 나이에
무슨 욕심 있으랴만

아주 작은 바램 하나
59동문이 다 가고 난 다음 홀로 남아 회장을 하는 게야

날이면 날마다
동창회를 할 수 있어 좋고 하기 싫으면 안 해도 괜찮아

몇 명이나올까
장소는 어디로 해야 할까 회비는 얼마가 적당할까 걱정도 없어

혼자 하다하다 심심하면
극락에 가 있는 친구 지옥에 가 있는 친구 불러 모으면 기뻐하리

극락에 가 있는 친구는 무료함 덜어 즐겁고
지옥에 가 있는 친구는 불구덩이를 하루라도 벗어나 기쁘지 않으랴

극락얘기 지옥얘기 다 듣다 보면
이승이 최상의 낙원임도 자연히 깨우치리니 일거양득이
분명하리라

2016. 7. 20

개돼지 나향욱

개돼지 눈에는
인간도 개돼지로 보이는 법

우리 국민 99%가
개돼지라니 인간이 아닌 게 분명해

나무래 무엇 하랴
사람도 아닌 걸 내 입만 더러워질 걸

한심타 한심해
짐승을 교육부 교육정책 심의관으로 발령한 고관대작들

불상타 불상해
인간을 낳은 줄 알고 좋아라 기르고 날뛰던 그 애비 에미

남으리 남으리라
지옥에 떨어져 몇천 겁 갚아도 갚아도 자기 새끼가 지은 악업

2016. 7. 14

느림보라도 즐거워

나는 느림보
나보다 느린 이는 존재하지 않아

유모차도 어린아이도 꼽추도 난장이도
소아마비도 의족도 목발도 중풍도 꼬부랑이도 뒤룩뒤
룩도

걷다 보면 내 앞으로
쭉쭉 나아가니 어쩌다 이리 되었는지

아마도 아마도
얼마 전까지만 해도 누구한테 뒤지지 않으려고

빠름보 빠름보 제일 빠름보 노릇을 해
수많은 이들에게 씻지 못할 업보를 지은 때문이리라

즐기리 즐기리라
나를 스쳐 앞서 가는 인간도 추억도 반성도 반기면서

2016. 7. 22

촌티 나는 VIP

세브란스 치과 출근시간
지하 1층에서 엘리베이터를 탔다

어떤 아줌마는 5층
우리 부부는 6층을 눌렀다

"어딜 가시나요?"
아줌마가 우릴 물끄러미 바라보다 묻는다

우물쭈물하며
미소만 띠니까 "거긴 VIP실만 있는데요"

"네 거길 갑니다"
아내를 바라보며 "우리 촌티가 너무 나는가 봐"

아줌마 허둥지둥
"아닙니다 아니예요" 어쩔 줄 몰라 하며 내린다

"괜찮습니다 괜찮아요"
내리는 뒤통수에 대고 기분 좋아 소리를 질렀다

목에 힘이 들어간 거보다야
촌티 나는 게 잘 산 인생이라는 생각에 즐거운 하루였지

그 아줌마도 마음 상하지 않았기를 바라면서

2016. 7. 27

할머니 닮은 노숙자

선한 눈망울
순진해 보이는 모습 훤칠한 키

무엇보다도
살짝곰보였던 할머니 얼굴을 너무나 닮아

매일매일
산보 길에 만나는 게 민망해 눈길을 돌린다

芝峯 李秀光 자손
바닷가 경기도 남양에서 가난한 집에 시집와

콩나물죽 삼 년
달밤에 자갈밭 돌 골라내며 졸부를 이룬 덕에

누구한테 손 벌리지 않고
굶는 일가에게 먹다 남은 밥 많이도 주어 놓고

종국엔 좋지 못한 구설수
상 밑에 내려 주었다고 조카들한테 지청구만 들어

준 공덕으로
인간으로 환생했으나 먹다 남은 밥 얻어먹게 된 겐가

돌아가신 지 60주년
나이도 너무나 비슷하지만 아니기를 바라는 마음 간절
간절하다네

2016. 7. 28

色은 Diamond

인생의 세 가지 즐거움이
1. 讀 2. 色 3. 酒 라 秋史 김정희가 말했던가

순서는 달라도
인생삼락(人生三樂)으로 女色 飮酒 讀書에는 공감이 간다

시대가 많이 변해
현세에 여색은 다이아몬드처럼 귀하여 취하기 어려운데

예전 생각에 젖어
쉽게쉽게 먹거나 건드리다가 추락하는 꼴이 너무 불쌍해

누가 거저 준다 해도
덥석 삼키면 날카로운 모서리가 장기를 파손할지도 몰라

삼가삼가 또 삼가
Diamond를 소화시킬 능력이 없거든 멀리멀리 할 수 밖에

2016. 7. 30

제 3 부

달랑 시 배낭 하나

어이 할꼬 만득이*

언제 갚아야 하나
19년간이란 기나긴 세월 먹여 주고 입혀 주고 재워 준 주인의 은혜

명문대를 나와 직장생활도 한
68세 주인의 말 믿을 수밖에 2급 지적장애인의 말 믿을 수 있겠나

거두어 준 것도 죄가 되느냐는 주인 김 아무개[犬]
장애인 보호법이 있는 거야 몰랐다 해도 근로기준법도 잊은 채

자기 집 오창에서 만득이의 집 오송은 불과 30분 거리
꿈에라도 찾아 줄 생각 하지 않을 만큼 정신이 몽롱한 치매에 걸려

세상은 너무나 불공평해
주인의 치매가 10년만 빨리 심해져 집을 나가 행방불명이 되고

학대한 거로 알려진 오 아무개[犬] 주인할매
중풍에 걸렸다면 축사 옆방에 눕혀 놓고 극진히 은혜를 갚았을 텐데

빚만 잔뜩 진 만득이
이대로 저승엘 간다면 무슨 벌을 받을지 몰라 이래저래 불쌍해

* 청주 오창읍에서 일어난 19년간 축사노예 사건의 47세 정신지체장애 2급 高모씨 만득이

2016. 8. 2

역주행차를 만난 날

집을 떠나
三養路로 좌회전을 하는데 逆走行차가 달려와

깜짝 놀라
깜빡깜빡 상향등을 켜고 경적을 울려도 그대로라

생명의 위협을 느껴
차를 세우고 바라보니 낡은 중형차라 일단 안심이지만
사고는 싫어

지하철 공사 중이라 외통길
내 차에 헬리콥터 기능이 있었으면 얼마나 좋을까를 생
각하는 중

잘못을 깨달은 차가
다행히 반대편 차선으로 비켜 "뭘 하는 거야"라고 소릴
질렀지

믿을 건 자기 차의 성능 뿐
아무리 큰 차가 옆에 있다 해도 꼼짝 못하고 당할 수밖에

탱크차가 나오면 사리라
우리나라 국방력은 어떤가? 적군보다 큰 차인가 작은 차인가

우리의 삶은 우리가 지켜야
결정적 위기에 미국의 전력은 한발 늦어 수많은 목숨을 잃은 다음

사드 문제로 말썽을 피우는 자들
전쟁이 나면 총알받이로 세울 수 있는 법이라도 하루빨리 만들어야

2016. 8. 4

달랑 시 배낭 하나

달랑 시 배낭 하나면
퇴근길 발걸음이 가벼워

행복은 멀리 있지 않아
배낭 속 들꽃 하나면 부러운 게 없지

이름 모르면 어때
예쁘지 않으면 어때 존재 자체로 귀중한 걸

들꽃이 너무 흔하다 말하지 마라
메말라 가는 대지를 누가 있어 파릇파릇 가꾸어 주리

2016. 8. 7

비실비실 파리 한 마리

어디로 들어왔나
비실비실 파리 한 마리

배가 고픈 듯
내 손등 팔뚝만 빨아대더니

오늘은 보이지 않네
천수를 다한 겐가 굶어죽은 겐가

나를 원망일랑 마라
나에게 먹을 거를 바랐다면 오산

너를 때려죽일 마음도 없지만
밥을 만들어 줄 만큼의 자비심은 아직 없다네

2016. 8. 15

인사받는 날

돈화문 방향으로 지팡이를 짚고 뚜벅뚜벅 걸어가는데
뒤에서 따라오던 두 청년 중 한 사람이 허리 굽혀 인사
를 해

모르는 사람이라 안 받으니 또다시 해 나도 고개를 숙여
받았지
흰 와이셔츠에 지팡이라 잘못 봤을 리는 없어 기억을 더
듬는 중

저만치 인도여인 차림의 젊은 여성 둘이 얘기를 하며 오
다가
맞닥뜨리자 한 여인이 정중히 허리 굽혀 인사를 하는 게
아닌가

미소 지으며 손을 흔든다든지 윙크를 한다든지 하는 게
보통인데
20년 동안 산보를 해 왔지만 처음 겪는 일이라 나도 황
급히 답례했지

오늘따라 어쩐 일인가 안국역 옆 일본문화원엘 소변보
러 들르니

전에 없던 일로 경비업무로 서 있던 젊은 청년이 공손히
인사를 해

아무리 생각해도 이해가 안 된다 5년 전 오늘 패혈증으
로 죽는다고
일가친척이 다 와서 마지막 인사를 받았는데 8월 19일이
라 그런가

아니면 혹시
내가 지구촌 주재 저승촌 대사란 낌새를 차린 걸까

2016. 8. 19

택배기사의 갑(甲)질

열 권의 시집을 우편으로
보내다 보니 전화번호에는 소홀해

난리가 났다
택배기사의 짜증난 전화벨 소리

"집 전화도 핸드폰도 불통이라
아파트 경비실에 맡기겠다"고 하기에

"이사 안 갔으면 그렇게 하시지요"
"야 씹새끼야 경비가 어떻게 그걸 아냐"

하도 어이가 없어 내 귀를 의심
난생 처음으로 듣는 욕이라 이게 꿈은 아닌가?

곰곰이 생각하니
내가 씹새끼인 건 맞는데

그러면 너는 인(人)권보다
우위에 있는 견(犬)권의 "똥개씹새끼냐?"

프롤레타리아의 갑질을 보는 것 같아
오싹한 한기를 느끼게 하는 씁씁한 하루였다

2016. 8. 31

지구촌 주재 저승촌 대사

패혈증을 세 차례씩 치료해 준 주치의 김영삼 교수
오랜만에 만난 우리 큰아들에게 조심스레 묻더란다

요즘 아버님 건강이 어떠시냐고
아무리 병원기록을 봐도 올해 들어 입원도 안 해 궁금하다면서

10년은 더 산다고 원기 백배하시더라 했더니
과학적으로나 의학적으로나 생존할 수 없는 분이 살아 계셔서요

그 이야기를 전해 들은 나의 말
저승에나 있을 사람이 이승에 있다면 "지구촌 주재 저승촌 대사"군

이제 슬슬 대사 임무를 수행해 볼까
말썽꾸러기 김정은을 비롯해 지구촌 어지럽히는 녀석들 잡아들이게

2016. 8. 17

시집도 시집 나름

딸 열을
시집(詩集)보내도록

꿈쩍도
안 하던 굵직굵직한 사돈들이

혼수를
좀 해 보내서인가 움직이네

안심이 된다
시집살이를 좀 덜할 것 같아

* 詩全集 1 · 2권을 보내고 나서

2016. 9. 3

기분 좋은 전화

점심을 먹는데
모르는 분이 전화를 걸어 준구 친구 엄마라며

내 전집을 감명 깊게
읽고 있는데 이해 안 되는 부분이 있어 그러시단다

"대들보의 노파심
–부모의 지혜를 아쉬워하며

고마워요 고마워
서까래님이 날개 되어 허공에 둥둥 떠 있으니

웬걸요 웬걸
우리야 힘센 기둥님이 받쳐주느라 끙끙거리시니

아니요 아니
우리도 든든한 대지와 주춧돌이 묵묵히 견디시니

깔깔깔 껄껄껄
집이 떠나갈 듯 한바탕 웃음바다 이루는데

참 이상도 하지
개울 건너 한(韓) 진사 댁 지경 다지는 소리 오래건만

창틀이 쑥 나서며
놀면 놀았지 너도나도 대들보만 한다고 해서

쯧쯧 쯧쯧
부모가 어찌 가르쳤기에 제 분수 모르고 눈만 높아

위 대들보의 노파심 전문에서
5연의 한 진사 댁 이야기를 이해 못 하시겠단다

그건 한국의 교육이 잘못 되고 있음을 풍자한 내용이란
설명을 했다

내 시를 이리도 정독하면서
질문까지 하는 애독자가 있다는 게 얼마나 기분 좋은지

2016. 9. 13

벌렁 누운 긴 우산

벌렁 누운 긴 우산
운현궁 넓은 남자화장실 코너에 서 있다가

단정한 옷매무새에 허리띠까지
너의 주인은 눈도 귀도 성치 않았더냐

서 있는 것도 못보고
자빠졌으면 소리가 났을 게 아니냐

허리가 아파 못 일으켰다면
기다리고 있다 도움을 청할 일이지

이것도 저것도 아니면
혹 치매기가 있어 그런 거 아니더냐

너도 참 딱하다
발이 있다면 쫄랑쫄랑 따라갔을 텐데

네 신세도 걱정이다만
네 주인은 지금쯤 너를 잃은 걸 눈치나 챘을런지

2016. 9. 19

종묘 냄새

봄철엔
달콤한 꽃 내음 가득

여름철엔
풋풋한 풀 내음 가득

가을철엔
구수한 낙엽 내음 가득하구나

어디서
극락을 찾으려 하는가

바로
여기가 극락인 걸

2016. 11. 19

제 4 부

촛불의 푸념

암탉 두 마리

꼬꼬댁 꼬꼬댁
암탉 두 마리가 울어 대니

나라가 흔들흔들
국민이 밤잠을 설치는구나

閔中殿이 閔中殿이
할아버지 말씀이 멀리서 들려와 오싹

2016. 10. 26

요승(妖僧) 손에 놀아난 박근혜

고려末엔 신돈(辛旽)
제정 러시아末엔 라스푸틴(Rusputin)

제발제발
대한민국은 末이 아니기를

아무리아무리
최순실이 최순실이 더 나쁘다 해도

아니리 아니리라
대한민국은 군주국가가 아니기에

온 국민이 온 국민이
시퍼렇게 눈을 부릅뜨고 지켜보고 있기에

2016. 10. 28

노란 리본

말끔한 새 정장차림의 육칠십대
빳빳한 새 노란리본을 차고 으스대며 탄다

너무너무 이해가 안 돼
옆에 선 젊은이에게 물었지 내리는 걸 보면서

세월호 아니에요
나를 바라보며 그것도 모르냐는 듯

3년상이 지나 5년상인데
자기 부모 돌아가선 몇 주일을 달았을 런지

난 3년상을 달았더니
양복도 리본도 다 바래고 쭈글쭈글해지던데

아무래도 상장(喪章)은 아닐 거야
아마도 저승에서 보내온 명예훈장일지도 몰라

2016. 10. 29

하누소 아줌마

한 달 전 한 달 전
운현궁 예약을 직접 찾아가

모처럼 아내 인천여고 모임
신신당부까지 잘 하면 연속될 수도 있다고

이게 웬일이야
밀어내고 얼마나 VIP이길래

항의 항의를 했지
나에게는 선약이 어쩌구 변명 못하고 죄송하다나

하기야 나라 경영
아줌마의 품격이 엉망진창인데

하물며 하누소
아줌마에게 너무 센(?) 잣대를 들이댄 건 아닌지 몰라

2016. 10. 29

대통령 호칭

각하
님
–
놈
년

어디까지
내려가려나?

국민이
느끼는 단 한 가지 위안

아무리 살기 힘들어도
내가 너희 연놈보다는 잘 사는 인생이다

2016. 11. 9

순실이 게이트

설마
설마 설마
설마 설마 설마
설마 설마 설마 설마
설마 설마 설마 설마 설마
설마 설마 설마 설마 설마 설마
설마 설마 설마 설마 설마 설마 설마
설마 설마 설마 설마 설마 설마 설마 설마
설마 설마 설마 설마 설마 설마 설마 설마 설마
설마 설마 설마 설마 설마 설마 설마 설마 설마 설마

까꿍! 몰랐지 나 근혜

* 순실이 게이트: 강남 아줌마 최순실이와 대통령 박근혜가 한통속이 되어 착한 사람으로서는 도저히 짐작도 할 수 없는 각종 국정농단을 해 한없이 벗겨지는 양파게이트

2016. 11. 21

수구 꼴통 남편

온 동네가 야단이 났다

자기 부인 바람나서
남자란 남자는 다 꼬셔내 남의 집안 파탄시켰다고

밤이면 밤마다 촛불 들고
대문 앞에 몰려와 하루 빨리 쫓아내라 시위를 하는데

수구 꼴통 남편
눈귀 막느라 신문이고 방송이고 불리한 건 몽땅 외면한 채

옛날 옛날에 아무개 아무개는
도둑질도 하고 나쁜 짓도 했는데 아직 판결도 안 난 사건 가지고

왜 난리를 피우냐고 뒷동산에 올라
홀로 쓸쓸히 횃불 흔들며 마누라 잘못이 아닌 남의 흠만 외쳐 댄다

안간힘을 쓴다고 자기 여편네가 피운 바람 어디로 사라질 리 있으랴

2016. 11. 29

촛불의 푸념

길바닥
내가 있을 곳이 아닌데

한밤중
제사상을 훤히 밝히거나

대웅전
부처님 앞에 자리 잡아야 하는 나를

미선이 때도
미친 소 때도 끌어내어 망신을 시키더니

탄핵심판이
진행 중인 이 마당에 뭘 하자고 나를 여기까지

해방 후 나는 보았지
남로당이 밤중에 산마다 불을 지펴 시위하는 걸

귀하디귀한 이 몸이
불순세력과 같은 통속으로 치부되지 않게 놓아주렴

2016. 12. 24

완치(完治)라니

2016. 11. 22
PET-CT결과를 보던 날

내 귀를 의심
"완치란 없습니다"라던 주치의가

일 년이 지나
"완치되었습니다"라고 하니 놀라

순간 스쳐 가는
지난 4개 성상 수없이 많은 고마운 영상

어찌 나만의 노력이리오
나를 살려 내려고 애써 온 보이는 손 보이지 않는 손

저버리지 않으리라
남은 생을 뜻있게 마무리해 보답 보답하고 떠나리라

2016. 11. 26

울컥아! 너는 누구기에

몰랐다
나도 내 마음도

네가
갑자기 찾아올 줄이야

미리
낌새라도 풍길 일이지

갑자기
나타나 그냥 내려오게 하다니

감성(感性)아! 너도 나이고
내가 너를 구박한 일이 없거늘

울고 싶거든
하룻밤 이틀 밤이라도 실컷 울 일이지

지난 3년간
한 번도 아닌 두 번의 끔직한 사형선고를

담담한 심정으로
받아들이는 이성(理性)을 얼마나 원망했기에

* 울컥한 사건 : 한국문학비평가협회 문학상 수상 소감을 말하려는 순간 울컥 울음이 복받쳐 내려온 사건. 큰아들 순구가 대독함.

2016. 12. 15

파카의 첫나들이

영하의 날씨
기다리고 기다리던

갓 태어난 파카
한껏 뽐내려 치장 치장을 하고

종로엘 나가니
자기보다 독특한 녀석 너무너무 많아

의기소침한 채
뚜벅뚜벅 걸어가며 깊은 생각에 잠긴다

독보시대엔
아무리 둘러봐도 한 녀석 찾기 힘들었는데

획일시대엔
너도나도 똑같아 다른 녀석 보기 어렵더니

개성시대라
제가 잘났다고 다들 우쭐대니 같은 녀석 찾기가 어렵네

무슨 폼까지 잡으랴
너도나도 잘난 세상에 태어났으니 둥글둥글 어울려 살 일이지

2016. 12. 20

폴라비톨의 장난기

이건 아닌데
날마다 나를 삼키면서

수술을 한다니
얘길 할까 말까 지켜봤는데

나의 존재를
까맣게 잊은 게 확실해

어딜 감히
나를 핏속에 넣어둔 채 겁도 없이

가슴에 심어 놓은
주사용 포트*를 칼을 대어 빼러간다니

입이 간지러워
병원 가는 차속에서 나 폴라비톨*이야 했더니

깜짝 놀라
허둥지둥 전화로 연락해 수술 날짜를 연기시키대

더욱 아닌 건
4년씩이나 가슴에 넣어 자기 몸처럼 쓰던 포트를 제거하면서
돼지머리라도 놓고 고맙다는 인사라도 할 일이지 괘씸한 생각에

* 주사용 포트 : 정맥주사용으로 가슴에 심어 놓은 것.
* 폴라비톨 : 피를 묽게 해 뇌경색을 방지하는 약품이라 지혈이 안 됨.

2016. 12. 21

암탉의 코웃음

지랄들 하네
할 일이 그리도 없냐

주말마다
떼를 지어 몰려와 촛불시위 한답시고

우리 두 마리가
울었기로서니 나라를 팔아먹은 것도 아닌데

별 볼일 없는 인간들아
허구한 날 나라가 흔들리도록 죽여라 죽여 하다니

놀란 우리 가족들이
밤잠을 설치고 살 의욕을 잃어 비실비실 쓰러져 가

달걀이 동이 나고
너희들 먹거리가 거덜이 나는데도 정신을 못 차리냐

우리가 운 것보다
너희 인간들이 나라를 위태롭게 하고 있다는 걸 왜 몰라

다 잡아놓은 암탉 두 마리 모가지 비틀자고
보트피플 되지 않으려면 나라를 불살라 버리지는 말아야지

2016. 12. 29

죽어야 살리라

살아 나오려구?
무슨 소리 죽어 나오구려

당신도 살구
나라도 애국자도 살리려거든

자식이 있나
남편이 있나 남은 명예가 있나

살아 숨 쉬는 한
파이고 파인 좌우파의 골 깊어지리라

살아 숨 쉬는 한
김영란법에 독이 오른 언론이 씹으리라

살아 숨 쉬는 한
좌파의 술안주거리가 되어 씹히리 씹히리라

살아 숨 쉬는 한
인공기가 서울하늘에 나부낄 날 재촉하리라

한 줌의 양심이 남았거든
한 줌의 충성심이 남아 있거든 죽어 나오시구려

2017. 3. 12

촛불

촛불기획

촛불데모

촛불언론

촛불검사

촛불국회

촛불특검

촛불탄핵

촛불대선

촛불종북 대통령
불장난에 초가삼간 태워

길바닥에 나앉으면
좋아라 날뛰리 날뛰리라

바닥빨○○
북녘○갱○ 중공○○이

2017. 3. 16

서면 보고해

서면 보고해
서면 보고 하라니까

잘 서다가도
근혜 앞에 가면 쪼그라드는

청와대 쫄짱부들
궁리 궁리 끝에 생각해 낸 묘안

아 맞아 바로 그거야
비아그라 비아그라를 사서 먹자

나라 일을 위해
한 일인데 뭐가 잘못된 건가요?

2016. 11. 27

제 5 부

역사교육

기분 전환 태극기

자본주의
저승사자로 변신한 특검

제형을 공항에서
죽인 살인마가 날뛰는 세상

기분은
찌들대로 찌들어 풀어볼까 해

사무실을
나서 찬바람을 맞으니 조금

어떤 이가
국일관 가는 길을 물어 조금 더

길가에
펄럭이는 태극기를 만나니 아주 많이

왜정 때
일장기 얼마나 싫었더냐

해방 때
태극기 얼마나 좋았더냐

인공 때
인공기 얼마나 끔찍했더냐

수복 때
태극기 얼마나 기다렸더냐

태극기여 태극기여
제발제발 우리 곁 다시는 떠나지 말아 다오

2017. 2. 18 (土)

되는 집안이네

단골 식당
아줌마 안보여 물으니

딸 대학졸업식
갔다기에 축하인사 건넸더니

엄마보다
딸이 더 대단해

고졸 대기업취업 후
8년 만에 시내 4년제 명문대 야간을

"되는 집안이네"
자연스레 나오는 말

남의 일인데
내 일만큼이나 기분이 좋다니

요즘
공부하기 싫어하는 자식

사교육비 쏟아 붓고도
떨어져 우는 뒤룩뒤룩 살찐 돼지들 많은 시기라

2017. 2. 23

참 나쁜 공무원 놈

아 그럴 수가
세금 먹고 사는 공무원이

언제부터 바뀌었기에
이때까지 서류로 접수해 오던 일을

USB로 안 해왔다고
우체국에서 준 감액우편물 접수목록표를 거부하다니

가볍기나 해 시집 200권
팔십 늙은이 보따리 보따리 싸서 낑낑대고 갔는데

파리 날리는 강북우체국
2017. 2. 23일 16:40분경 우편물 3번 창구 담당자 놈

대구우체국에서는 된다는 걸
단칼에 자르다니 여기는 대한민국이 아닌 딴 나라?

몇 분만 치면 될 일
"다음부터는 안 되나 이번만은 제가 쳐 드리지요" 할 일
이지

얼마나 힘들여
우편번호별로 분류하고 서류작성까지 말끔히 해 갔는데

아무리 복지부동이라도
돈도 돈이지만 해도해도 너무한다는 생각에 잠을 설쳤다

도처에 나향욱
도처에 우병우 그래서 공무원 시험에 죽자 사자 목을 매나 보다

2017. 2. 24

태극기 반 사람 반

3.1절인데
산보길 태극기가 안보여

혹시나
좌파 지자체장 입김 탓인가 해서

찾아찾아 가다 보니
세종로 사거리 모여드는 인파인파

태극기 태극기
참 오랜만에 교보문고 들러 만보도 해

돌아오는 발길
나라 걱정하는 이들이 많고 많다는 느낌

오랜만에 단잠
미선이 효순이 광우병촛불 미친 짓에 질려

2017. 3. 1

나의 우선순위

1순위　태극기　나를 비롯해 자손만대 국민을 위하여

2순위　재산　나를 비롯해 가족 및 사회를 위하여

3순위　건강　나를 비롯해 사회공헌을 위하여

* 자유, 민주, 자본주의는 반드시 지켜 내야 한다.

2017. 3. 3

중공오랑캐

중공오랑캐의 침략을 받아
중공오랑캐의 침략을 받아

1.4후퇴 쓰라린 기억 속에
깊숙이 뿌리박힌 중공오랑캐

지워지지 않더니
지워지지 않더니

늑대가 양가죽 쓴다고
늑대가 양이 될 수 있으랴

앞에서 봐도 오랑캐
뒤에서 봐도 오랑캐
위에서 봐도 오랑캐
밑에서 봐도 오랑캐

북핵 개발
뒷배 봐주더니

빨간 속국 만들려나
사드배치 펄펄 뛰며 으르렁

오랑캐 욕해 무엇 하리
울안의 좌파 책동부터 막아야지

2017. 3. 5

태극기 부대여

태극기 부대여
축 늘어진 어깨 펴시구려

박근혜 위해
입대한 이들도 있겠지만

기우는 나라걱정에
자원입대한 게 아니었던가

탄핵이 만장일치라
나라운명이 더 어려워졌으니

더욱 더 똘똘 뭉쳐
종북좌파의 마수를 막아야지

언제 눈물 흘리고
언제 누굴 탓할 겨를 있으리오

못난 대통령이 싸 놓은 똥
빨리빨리 치우고 나라 바로 세워야지 않겠소

2017. 3. 10

春來不似春

춘래불사춘
봄은 왔으나 봄 같지 않구나

나만은 아닌 듯
맥 풀린 창밖 태극기 부대도

종묘 한 바퀴
눈으로나 피부로나 봄이 온 건 확실한데

마음만은
아직 한파 휘몰아치는 차가운 겨울이라

돌아오는 길
"촛불은 인민, 태극기는 국민"이라 두른 아줌마

꽁꽁 얼어붙었던 마음
쓴웃음으로 잠시 잠깐 풀어 주는구나

더도 덜도 말고
내년 봄에도 태극기만은 펄펄 휘날리길 바란다네

2017. 3. 18

역사교육

옛날옛날 아주 옛날
북쪽 마을엔 소도둑놈이 남쪽 마을엔 바늘도둑놈이 살았다

소도둑놈은
날이면 날마다 소를 잡아먹어 뒤룩뒤룩 돼지가 되었다

바늘도둑놈은
마을 사람들을 먹여 살리려고 바늘을 훔쳐 삯바느질을 시켰다

세월이 흘러흘러
북쪽마을은 두목만 잘 먹고 잘 사는 세상
남쪽마을은 온 주민이 잘 사는 세상이 되었다

문제가 생겼다
남쪽마을 역사교육에

소도둑 두목은 찬양하고
바늘도둑 두목은 나쁜 놈이라 가르치는

북녘 바라기가 기승을 부려 감수성이 예민한 아이들이
넘어가니

좀처럼 끝이 보이지 않는다
역사교육 자식들이 몽땅 소도둑 굴에 들어가 졸개가 되
지 않는 한

2017. 3. 21

치즈 맛이 그리워

아주아주 오래전
스위스 출장에서 만난 익살맞은 이집트인 영업부장

저녁식사 초대에
스테이크를 기대한 내 앞에 달랑 수북한 치즈 한 접시

맛도 모양도 형식도
생소한 음식이라 소화 걱정에 조심조심 먹으며 맛을 봤는데

두고두고 그 맛이 그리워
큰마음 먹고 시적시적 걷고 걸어 롯데본점 식품점을 찾아갔다

수입치즈가 참 많기도 해
맛을 볼 수도 없어 이것저것 고르고 고르느라 수고에 수고

늙으면 어릴 적으로 돌아간다는데
어찌된 일일까 김치 된장찌개가 아닌 베이컨이나 치즈라니

아마도 아마도 아득한 전생
광야를 떠돌아다니던 유목민 유목민이었으리라 상상해
본다

2017. 3. 25

애잔한 인연

박시진 양
가냘픈 오른쪽 무릎 골수암 환자

경희대 의료원
졸도원인 찾으러 입원한 아내와 같은 방

입원한 날 훌쩍훌쩍 울어
용기 주느라 내 췌장암 투병 애기로 가까워진

아내 퇴원 날 오후 수술예정
병상일지도 쓰려는 의욕을 가질 만큼 평정심

일주일 만남 뒤로 하며
완치되면 축하주 한 잔 하자 악수까지 했는데

며칠 후 찾아간 소식
수술 다음 날 퇴원이라는 믿지 못할 얘길 듣다니

연락처 몰라 궁금 또 궁금
내 전화 주소 이메일 건넨 시 전집에 다 있는데

한 마디 못 해 준 게 마음에 걸린다
투병은 정신과 체력의 두 수레바퀸 걸 너무 약했어

체중이 일상보다 마이너스 4킬로인 걸 묻고도
급성도 아닌 병 체력보강 후에 수술을 할 일이지 어찌

선량한 부모 밑에 잘 자란 착한 처녀
살아 있으리라 믿으련다 짧지만 여운이 긴 애잔한 인연

* 박시진 양 : 34세, 평택 거주, 밀양박씨, 청주한씨 문정공자손 어머니, 1남 5녀 맏딸, 2017. 3. 15 오후 무릎관절 수술예정.

2017. 3. 28

뿌듯한 어머니 제사

어언 48주기
제사 분위기도 많이 변해

곡을 해 응어리를 푼
통곡의 제사 시기를 지나

TV도 라디오도 닫힌
침통의 제사 시기를 지나

자손이 왁자지껄
즐거운 제사 시기를 지나

올해도 제 손으로 모신다는
뿌듯한 제사 시기를 맞이하였네요

아무려면 아들이지
손자가 올리는 제사가 흡족할 수 있으리오

내년에도 내후년에도 제가
뿌듯한 제사 올릴 수 있도록 건강관리 힘쓰겠나이다

돌아가신 날 자정 지난 첫 새벽
경건한 몸과 마음으로 維歲次 孝子斗鉉 祝文 읽어 올리며

2017. 3. 31

이빨 빠진 호랑이 될라

사냥도
잡아온 고기도 못 먹는

상상만 해도 끔찍한
이빨 빠진 호랑이 될라

닦고 또 닦았지
생전 처음 전동칫솔을 사서

충치 하나도 없는 이
이만 200년 살아 무슨 소용인가 싶어

오만이었음을
아는 데는 오래 걸리지 않았다

앓니 몇 개에
검은 반점이 생겨 부랴부랴 치과를 찾으니

이를 잘 닦지 않아
충치가 생긴 현상이라 늦었으면 뺄 뻔했다나

말 잘 듣는 자식
무심타가 뒤통수 맞은 격

범생답게
가르치는 대로 하니 이가 건강 건강해졌네

어흥 어흥 어흥
흰 이빨 드러내며 신나게 신나게 살아가리라

2017. 4. 6

아스라한 지평선 너머

이맘때가 되면
아스라한 지평선 너머 떠오르는 추억 한 점

얼마나 달려왔는데
달을 지나 멀리멀리 까마득한 지평선이거늘

눈으로는 안 보이는데
머릿속엔 또렷또렷 빤짝빤짝 남아 숨 쉬는구나

얼마나 그리다가
봄나물 핑계 삼아 너댓 살 아들 손잡고 찾은 산소

인적 끊긴 첩첩산중
갈 때는 어찌어찌 더듬어 갔는데 오는 길 몰라

우리 모자 얼마나 놀랐는지
나는 갈 때 두리번거리며 길을 익히는 습관 길러

지금 돌이켜 보면
삼년상 갓 지난 어머니 심정 얼마나 애처로웠을지

그래서그래서 아직도아직도
아스라한 지평선 너머에서 빤짝빤짝 빛이 나나 보다

2017. 4. 9

오늘따라

오늘따라
버버리코트가 어깨를 짓눌러

가슴을 펴고
고개를 치켜드니 벚꽃망울이

터뜨릴까 말까
망설이면서 눈치를 살피는데

걸려 있는 태극기
내 마음을 알아차린 듯

펄럭이지 않고
축 늘어진 채 깊은 고뇌에 빠져 있구나

2017. 4. 4 清明

라일락 향에 취해

앞뜰에서 온
라일락 한 다발

제 세상 만난 듯
방 안 가득 진한 향 풍겨 댄다

하루 저녁
자고 나니 향에 취해 해롱해롱

부처님 오신 날
대선주자들 몰려와 만수향 피워 대도

해롱해롱 하시지 말고
나라 지켜줄 인재 가려 뽑아 주시구려

※ 5월 9일 19대 대통령 선거가 부처님 오신 날 일주일 후임.

2017. 4. 12

대선공약 4장

1장 核으로 安保

핵은 핵으로만 막을 수 있다
우선 전술핵 배치를 반드시 한다
북이 존재하는 한 핵을 개발하도록 한다

2장 貧富隔差緩和

최대임금 입법화로 빈부격차 완화 및 강성노조도 제압한다
최대임금은 최저임금의 10배로 제한한다
임원보수도 최저임금의 20배로 제한한다

3장 出産率 및 老後對策

사교육비 감소로 출산율향상 및 노후대책을 수립한다
공교육활성화를 위한 모든 정책을 펼친다
사교육을 방지하는 입법을 추진 강행한다
학생선발권을 학교자율에 맡겨 다양화 시킨다

4장 일자리 創出

기업규제 철폐로 가장 기업하기 좋은 나라로 만든다
중소기업이 중견기업 대기업으로 성장하도록 유도한다

기업의 해외투자를 줄이고 외국기업 유치로 일자리를 창출한다
4차 산업혁명이 원활하게 이루어질 수 있도록 정부가 지원한다

2017. 4. 15

제 6 부

오른손잡이의 위기

참 좋은 나라

丁酉年
닭의 해 벽두에 웬 소란

새해인사
전화를 걸다 잘못 걸어 끊었는데

자꾸자꾸 걸려와
몇 번 나도 안 받다 보니 조용해져

전화를 다시 돌려
통화를 하는데 초인종이 불이나

열어 주니 경찰 한 명 대동한 파출소장
뒤이어 소방대원들이 우르르 몰려 들어온다

경기도 119에 내가 신고를 했다나
나는 031-955로 시작되는 전화를 걸고 있었는데

전화를 걸어 놓고 안 받으니
무슨 사건이 벌어진 걸로 판단해 종로경찰과 소방서가

정치가 4(死)류인 데도
음지를 지키는 고마운 이들이 있어 참 좋은 나라라네

제발제발 촛불언론 불평은 그만그만
포악한 왜정 끔찍한 6.25를 겪어 본 우리에겐 배부른 투정일 뿐

2017. 1. 2(月) 9:30

詩 전집을 돌려 읽고

—이인호 동문의 친구 남경의 씨의 소감*—

어찌 이리도 좋은 친구를 두었는고, 참 부럽구나.

팔십 평생을 계획을 세워 한 치 흩어짐도 없이 삶을 이어온 분이 아닌가? 서문을 쓴 김노수 교수의 말씀대로 스스로나 남이 알 수 있게 행복하게 산다는 것이 얼마나 힘든 일인가!

숭산 큰 스님에게 법명을 수계도 없이 받았다니 정말 대단하신 분입니다.

청암, 친구이니 가까이 자주 만남이 있기를 빕니다.

김형석교수가 60부터 75세까지가 인생의 황금기라 했으나, 이런 분과 교우하면 75세에서 90세가 황금기가 될 것 같네, 김형석교수가 말했듯이 다방을 순례하며 허송세월을 하는 일은 조금 멀리하고 좋은 벗 자주 만나시게……,

아! 부러울 따름인저,

* 교통고 업무과 이인호 동문에게 준 시 전집을 읽고 나서, 자기 초등학교 친구 남경의에게 빌려 준 걸 보고 소감을 보낸 내용임.

2017. 1. 6

오후불식

석가무니는
하루 한 끼만 오전 10시에 공양하시는데

나는 80평생
하루 세 끼 찾아 먹으려고 왜 애를 썼는지

나도 한 끼는 아니더라도
오후불식(午後不食)을 해보자 마음먹고 나니

입과 위가 맨 먼저
"날마다 웬 휴식이냐?"며 브라보를 외친다

다이어트 하느라
세 끼를 줄여 먹지 않고 배불리 먹어 좋고

체중조절도 잘되니
이리도 좋은 걸 왜 이 때까지 안 해 왔는지

참 신기도 하다
아침은 6시까지 점심은 12시까지인데도 괜찮아

영양이 넘치고 일이 줄어든 시기라
먹는 일도 줄이는 게 너무나 당연한 일인 듯

먹어보라고 사온 치즈과자가
침실 탁자에 놓여 며칠 째 기다리는 게 좀 미안할 뿐

2017. 1. 11

일본문화원 화장실

점심산보 중
자주 들르는 일본문화원 화장실안

중삼*에 벙거지 차림의 승려
"독서하러 오셨어요?"라고 말을 건넨다

"아니요"라니깐
"요즘 스님이 분신자살을 해서"라며 중얼거린다

순간 나도 모르게 뱉어버렸다
"그러니 스님소릴 못 듣고 중놈소릴 듣는 거지요"

"월남이 패망 전
사흘돌이로 승려들이 분신자살한 거 아시나요?"

"모릅니다 그랬어요?""
"젊으시니 모를 테지만 패망 후 승려들 보트피플 신세라"

"미국원조가 많았다는데 왜 망했나요?"
"그야 부패하고 우리처럼 내부분열이 심해 그리된 거지
요"

새해 벽두에 소름끼치는 뉴스인데
나한테 열사라는 말이라도 기대하고 한 소린 아닐 테지만

나를 흥분시켜놓고 그는 무슨 기분이 되었을까? 생각에 잠긴다

* 중삼(中衫) : 장삼(長衫)처럼 길지도 않고 적삼[單衫]보다는 긴 요즘 유행하는 승려복

2017. 1. 12

어쩌다 복덕방 영감

퇴근길
엘리베이터 두어층 내려가는데

여사원 배웅 받으며
벙거지 중삼 차림의 승려가 타더니

아주 상기된 기분으로
"나를 보며 여기서 무얼하세요?"라고 말을 건다

우물쭈물 하며 미소 지으니
자랑스럽게 "동창회엘 왔다 가는 길입니다"란다

기분을 맞춰주느라
"무슨 동창회입니까?"라고 물으니

"동국대학 동창회지요"라며
또 무얼 하느냐? 묻더니 "복덕방 하시나요?"란다

세무사 회계사 간판만
즐비한 오피스텔에 웬 복덕방 영감으로 비추어졌는지

“글 쓰는 시인입니다”라니
내리면서 뒤돌아보며 무어라 지껄이는데 지하로 내려왔다

흰 와이셔츠 정장차림이 문제였나?
몰골은 점차 더 추해질 텐데 어찌 차려 입어야 할지 고민되네

2017. 1. 13

실성한 도우미

1년 전 채용한 가사도우미
10년 살던 사람이 갑자기 나간다 해서

처음부터 이상했다
노벨상을 타겠다는 둥 작가도 아니면서

씨부렁거리는 말이
정신병원에 일곱여덟 번 입원했다느니

다른 집엔 한두 달 살다 쫓겨나고
자기 시어머니를 이불을 덮고 때렸다는 둥

정신병자임을 실토해도
큰 문제를 일으키지 않고 인생이 불쌍해 놔두다

지난주부터 발병이 심해
남편이 파출소에 도움을 요청 데리러 집엘 오니

내가 불렀다 짐작
나에게 쌍욕을 퍼부으며 삿대질을 하는 게 아닌가

참으면 미련이 남아 다시 찾아와
살게 해달라고 애걸할 것 같아 맞받아쳐 무너졌다

경찰이 뺨까지 맞아가며 데리고 나가니
전생에 빚진 일 있었기에 좋은 일 하고 욕먹었으리라

2017. 1. 14

모처럼 기쁜 날

허구한 날
떠들어 대는 신문방송

구속하라 죽여라
피를 불러야 속이 풀리는 아우성 소리
진저리가 나는데
모처럼 기쁜 소식 구속영장이 기각되다니

피붙이도 아닌데
왜 그리도 신경이 쓰였는지 잠을 설쳐 가며

산천이 점점 빨갛게
물들어 가다 온통 나라가 어찌될 것만 같아

나만의 노파심일까
차라리 그랬으면 다리 쭉 뻗고 편히 잠들 수 있으련만

* 삼성 이재용 부회장의 구속영장이 기각되던 날

2017. 1. 19

함박눈

펑 펑 펑
함박눈이 탐스럽게 내린다

토요일 오후
촛불을 끄려는 듯 세차게

천심이 변했나
촛불이 민심이 아니었나

헷갈리는 싸늘한 밤하늘

2017. 1. 21

오른손잡이의 위기

나는
오른손잡이다 뼛속까지

어릴 적부터
아니 태교를 할 때부터

일한 놈이나
빈둥빈둥 논 놈이나 똑같은 건 싫어

요즘 오른손 실수로
뼈가 부러져 밥도 못 먹고 말이 아니야

밤이면 사방에서
여우 승냥이 호랑이들이 달려들 태세라

칼을 쓰지도
활을 쏘지도 못하니 목숨이 위태로운데

왼손은 이때다 싶은지
내 세상 만났다 춤추고 노래하고 야단이야

미운 마음대로라면
사라져 버렸으면 하지만 불구가 될 터이니

하기야 맹수만 아니면
왼손이 철없이 굴어도 참으며 살 수 있으련만

2017. 1. 24

성한 년의 미친 소리

삼겹살집 안주인
세상에 자기 마음대로 되는 게 하나도 없다기에

나도 좀 강조하느라
세상에 내 마음대로 안 되는 게 하나도 없다니까

말이 채 끝나기도 전에
나더러 이기주의자란다 긍정적으로 살라고 한 말에

하도 어이가 없어
반론을 해도 막무가내로 자기 말이 옳다고 우겨 대니

부정적으로 살면
이타주의자란 말인지 미친 소릴 듣고 나니 정신이 멍멍

자원봉사자나 기부자가
얼마나 긍정적 삶을 사는데 무슨 소릴 하는 건지 답답해

세상이 온통 미쳐 날뛰니
성한 년까지--얼마 전 실성한 년의 욕보다 더 지독해

광장은 광장대로 언론은 언론대로 정치는 정치대로
이젠 특검까지도 작두를 타고 미쳐 날뛰니 성한 게 이상한 세상

닭띠 해에 암탉 두 마리 제물로 바치고 나면 제정신으로 돌아갈지

2017. 1. 25

아름다운 대물림의 기쁨

아무리
뜻 깊은 훌륭한 일이라도

대물림이
안 된다면 얼마나 허전하랴

일찍 설 차례 후
성묘를 다녀온 둘째 아들며느리와 두 손자

지난 6년여 병치레 동안
한 번도 거르지 않고 꼬박꼬박 실행한 효행

아들만 있어도 손자만 있어도
안 될 수많은 유혹을 물리치고 이룬 쾌거의 흐뭇함

자기 스스로도 해내기 힘든 일을
자식을 통해 손자를 통해 이루기가 얼마나 어려운가

제사고 차례고 시제고 성묘고
대물림이 확실히 되는 걸 내 눈으로 똑똑히 보았으니

이 이상 더 무엇을 바라리
증손 현손 5대손--뜻이어 낼 좋은 며느리 조상님께 기원할 뿐

2017(丁酉) 正月 初하루

제사 지낼까 말까

옛날 어느 마을
서당 훈장을 찾아와 묻는다

오늘 저의 개가
강아지를 낳았는데 아버지 제사를 지내면 안 되겠지요?

그럼 제사를 지내지 마시게나

조금 지나
딴 사람이 찾아와 묻는다

오늘 저의 소가
송아지를 낳았는데 아버지 제사를 지내도 되겠지요?

암 지내도 되고말고

이상히 여긴 생도가 묻는다
강아지는 안되고 송아지는 왜 되나요?

지내기 싫어 묻는 사람에게 지내게 해서 뭘 하겠느냐?

* 장모님의 궐사(闕祀) 소식을 접하며

2017(丁酉) 정월 초엿새

똥 싼 년의 발악

먼동이 터오는
어두컴컴한 빨래 골 네거리

옷 보따리 하나
떨어져 있어 그냥 지나갈까 하다가

비키자 하여
핸들을 급히 틀어 2차선으로 들어가니

아니 이게 웬일
옷이 아니라 작달막한 키의 리어카 아줌마

어찌나 놀랐는지
차를 세우고 "뭐 하는 거야?" 소리를 지르니

되레 고함을 지르네
똥 싼 년이 큰 소리 친다더니 세상이 거꾸로 돌아

횡단보도도 없는 곳에
1차선을 다 차지해 서 있으면서 잘못이 없다는 생각

피해 갔으니 망정이지
생각만 해도 끔직한 인사사고로 이어질 뻔한 불행 중 다행

언제나 제정신을 찾으려나
순실이 게이트가 온 국민을 미쳐 날뛰게 하니 누굴 원망 하랴

2017. 2. 4

칼바람의 장난

칼바람이 분다
*스와지랜드왕국 영사관 앞

여인은 물론
남자까지도 히잡을 뒤집어쓴다

알라신이
위대한가라는 생각을 하는 순간

캡이 날아간다
지팡이로 잡으려 했지만 허탕

큰 도로로 달아날까 봐
허둥지둥 따라가는데 예쁜 아가씨

미소 머금고 잡아주니
어찌나 고마운지 칼바람까지 감사해

마호메트교가 연상돼
히잡을 안 쓴 게 얼마나 잘한 일인지

* 스와지랜드 왕국 : 아프리카 남동부에 있는 작은 나라. 안국동 현대빌딩 맞은편에 명예영사관이 있다.

2017. 2. 9

제 7 부

팔순 굿 한 판

팔순 굿 한 판

한평생 살다
굿 한 판 없이 가긴 아쉬워

팔순 2017년 2월 12일
친인척 120명을 초청해 뿌듯하게

어려서 귀가 따갑게
잔치뒷말 듣던 걸 떠올리면 못할 일

까칠한 취재기자도
확대 재생산하는 앵무새 종방도 없어 다행

돌아가 뭐라 흉본들
내 귀에 들어오지 않으니 화목의 한마당이라 믿자

실컷 먹고 마시고
춤추고 노래하다 보니 서너 시간이 훌쩍 지나가는구나

나의 사형선고를
두 번씩이나 특별사면 시켜 주신 귀한 특별손님 염라대
왕 曰

"인생이 별거냐? 하루하루를 즐겁고 신나게 살다가
내가 부르면 기쁘게 달려오면 되는 거다"라고 하시는 말씀 쟁쟁

살아온 날보다 살날이 적어
더욱더욱 감사하고 감사하는 마음으로 삶을 귀하게 마감하렵니다

2017. 2. 12

현 수 막

覺空居士　　　　　　　　大一華菩薩

한두현 선생 **팔순** 및 **신정현** 여사와의 **금혼식**

시로 쓴 회고록 출판기념　　2017년 2월 12일 東寶城

초 대 장

저희 아버님(한 두자 현자) 팔순연에
가족동반 초대합니다.

일시 : 2017년 2월 12일 12시
장소 : 동보성 (서울 중구 퇴계로 18길 5,
4호선 명동역 3번 출구 02-754-8002
02-755-9129)

주차가능
참조 : 축의금, 선물, 화환 등은 일체 받지 않습니다.
바쁘시더라도 꼭 참석하시어 자리를
빛내 주시면 감사하겠습니다.

자식일동 올림

* 참석인원을 통보해 주시면 더욱 감사하겠으며,
부득이한 사정으로 참석하시지 못할 경우에는
꼭 연락주시기 바랍니다.

한준구 010-6356-6872

팔순연 초대객 명단

송문숙	010-50**-5812	
송익섭	010-97**-5940	
송행옥	010-92**-1171	
신계현	010-48**-5600	
신경미	010-33**-1702	
신경주	010-48**-9410	
신명현	010-23**-3884	
신미현	010-26**-2082	신승현 초청요
신범현	010-23**-4166	
신삼현	010-52**-8230	031-7**-6583
신수연	010-62**-5903	
신영우		불참통보
신영현	010-32**-5903	02-3**-5903
신영호	010-50**-0372	
신영한	010-68**-9891	불참통보?
신윤진	010-41**-8077(안태범)	불참통보
신정민	010-52**-6583	
여안자	010-89**-6967	02-8**-6967
여운배	010-67**-5758	
여운길	010-52**-7249	02-8**-0245

여운억 010-74**-3412
이희영 010-21**-2008

안형선 011-3**-3254 불참통보
이건영 010-91**-8343 불참통보
이선영 010-23**-0157
이순희 010-82**-3665
이정자 010-75**-3781 033-6**-3781
이호봉 010-67**-0128 031-7**-7128

한만복 010-92**-7263 031-8**-7263
한필구 010-90**-8986
한만숙 010-72**-5048
한만춘 010-36**-0145
한미경 010-91**-1658 온가족 초청요
한병국 010-5495-6987
한병근 010-63**-8329 온가족 초청요
한병훈 010-46**-6935 온가족 초청요
한성우 010-24**-6537
한수진 010-62**-4134 온가족 초청요
한순옥 010-34**-4972 031-2**-4972
한순자 010-22**-9145 010-23**-9145(황종인)
한승구 010-22**-7627

한녕완　010-89**-4134　　　온가족 초청요
　　　　母김순자 010-89**-4143
한옥현　010-63**-8173　　　온가족 초청요
한용구　010-37**-0450　　　온가족 초청요
한윤숙　010-83**-1608
한윤택　010-37**-6935　　　불참통보나 초대요
한은미　010-50**-4726　　　온가족 초청요
　　　　010-47**-4726 (이윤교)
한을구　010-87**-2032
한정희　010-20**-7986(현구 딸) 온가족 초청요
한종구　010-89**-8863
한주옥　010-37**-5660
한준구(공주) 010-47**-5222
한준구母 011-4**-8886　　　041-8**-8889
　　　　둘째 셋째아들 초청요
한진국　010-32**-4134
한태수　010-47**-7365
한현구　010-90**-7986
한현숙　010-64**-1259

오세웅　010-36**-1013
오상훈　010-33**-4184

좌석명 및 인원

1. Head Table 1	8명
2. Head Table 2	5명+
3. 처가 1	8명
4. 처가 2	8명---한태수
5. 처가 3	8명---여안자+1미정
6. 처가 4	8명---이희영+1미정
7. 외가 1	8명---한남현
8. 고모네 1	8명---한만복 부부
9. 큰댁 1(병훈네)	8명---한주옥1 미정
10. 큰댁 2(옥현네)	9명---오세웅, 오상훈
11. 큰댁 3(영완네)	9명
12. 당숙네 1	9명
13. 당숙네 2	9명
14. 당숙네 3	8명-공주차남 2 및 한종구 1 미정
15. 재령댁 1	6명+
16. 소계	119명
17. 미정---------------------------------- 6명	
18. 합계	125명

팔순 및 금혼식 진행순서

1. 개식사 * 지금부터 한두현 선생의 팔순 및 신정현 여사와의 금혼식을 거행하겠사오니 내빈 여러분께서는 모두 자리에 참석하여 주시기 바랍니다

   * 추운 날씨에 이 자리를 빛내 주시기 위하여 참석하여 주신데 대하여 감사의 말씀을 드립니다.

   * 지금부터 각공거사 한두현 선생의 팔순 및 한두현 선생과 신정현 여사의 금혼식을 거행하겠습니다. 아울러 한두현 선생의 시로 쓴 회고록 출판기념회도 겸하겠습니다.

2. 주인공 소개 * 별도첨부
3. 가족대표 인사 * 맏아들 순구가 가족을 대표하여 여러분께 감사의 인사를 드립니다.
4. 가족 소개 * 사회자가 가족들을 항렬에 따라 소개하며 호칭된 가족은 주인공 Table 근처로 나와 내빈께 인사를 드린다.
5. 내빈 축사 및 헌주는 생략하겠습니다.
6. 헌시낭송 * 금혼식을 맞이하여 신랑 한두현이 신부 신정현에게 드리는 시를 둘째딸 한지영이 낭송하겠습니다. * 헌시 별도첨부

7. 케이크 커팅---(나이프, 생신 초, 축하 음악 연주)

* 주인공석 옆에 준비된 케익을 커팅하겠습니다. 케익을 커팅하실 때 힘찬 박수를 부탁드리겠습니다.

8. 축배 * 주인공 및 내빈 전체가 모두 자리에서 일어나 잔을 들어 축배 제의자의 선창에 따라 만수무강을 기원하는 축배를 듭니다.

(축배 제의자: 32년생 주인공의 외종형 이호봉 또는 36년생 큰처남 신범현)

9. 식사 * 흥겨운 분위기 속에서 즐거운 식사를 합니다.

10. 여흥 * 식사가 끝날 즈음에 사회자의 유도하에 여흥을 즐깁니다. (약 2시간)

11. 폐회식 * 이상으로 한두현 선생의 팔순 및 한두현 선생과 신정현 여사의 금혼식을 모두 마치겠으며 돌아가실 때는 시로 쓴 회고록을 가져가시기 바라며, 참석하신 모든 분께 다시 한번 감사의 말씀을 드립니다.

주인공 소개

주인공 소개는 타고난 福으로 설명 드리겠습니다.

첫째 복은 양반 중의 양반인 사대부 집안에 적손으로 태어난 복입니다.
조선조 말 노론이 기승을 부리던 시대 기호지방에서는 유일한 남인사대부 집안으로 인조의 국구이신 서평부원군 14세손으로 대원군 때까지 정승 판서를 배출한 당시 0.01%에 드는 사대부 집안의 적손으로 태어났으니, 조선왕조가 유지되었다면 아마도 정승판서도 할 수 있는 선택받은 위치라, 대단한 자부심으로 아무리 세상이 혼탁해도 올곧고 당당하게 살아갈 수 있는 뿌리가 된 복입니다.

둘째 복은 모든 시험에 합격하는 복입니다.
6.25전쟁으로 중학교에 갈 돈이 없어, 2년간 쉬며 농사를 짓고 들어간 중학교 왕복 4십리 길을 걸어 다니며, 농사일까지 하면서도 수석졸업에 돈 없는 전국 수재가 모여드는 23대 1의 교통고등학교 업무과엘 당당히 합격하였으며, 4시간 자면 합격하고 6시간 자면 떨어진다는 서울대를 고교 2학년초 폐결핵에 걸려 8시간 자고, 절반을

철도과목을 가르쳐 교과서도 떼지 못하고 졸업해야 하는 교통고등학교에서, 당시 가장 경쟁률이 높은 서울공대에 합격한 건, 실력이라기보다 시험 합격 복이라 하겠으며, 사회에 나와 그 어려운 기술사 시험도 단번에 합격하는 등 보는 시험마다 합격하는 복입니다.

셋째 복은 생일과 시대를 잘 타고난 복입니다.
2월 12일 생일은 미국 16대 링컨대통령도 유럽의 진화론 창시자 다윈의 생일도 같은 날이라 생일에 대한 자부심을 갖고 자랐으며, 대학을 나와 사회에 진출할 당시 때맞추어 박정희 대통령의 산업화정책이 활발하게 추진되어 공대출신의 실력발휘가 가능해져 30대에 훈장도 탈 수 있었고, 한국 최고의 기술자로 대접받았으며, 신입사원으로 입사한 상장회사에서 대표이사 사장까지 역임하게 되었고, 서울이 급속히 팽창하던 시대라 저축한 돈을 땅이 좋아 땅에 묻어 두다 보니 재테크 재미도 톡톡히 본 복입니다.

넷째 복은 제3인생에 글지이, 조각, 시인으로 잘 산 복입니다. 사장직을 자진 은퇴하여 처음으로 쓴 책 "자식을 부모의 팬으로 만들어라"는 예상도 못한 베스트셀러 반

열에 올랐고, 500여 페이지 책 5권을 저술한 다음, 70에 시인에 등단 10권의 시집과 한두현 시 전집 2권까지 발간했으며, 백두대간 홍송으로 불상을 119위나 조성하는 등 잘 살다 보니 자기가 제일 잘 났다고 으스대는 공대동창들인데, 59회동기 大記者가 한두현 동문은 우리들의 레전드라 부르고 싶다는 글을 올리기에 이르렀습니다. 또한 늦깎이 시인이지만 풍자와 해학에서는 일가를 이루었다는 평가를 받은 상태이고, 거침없이 이 장르 저 장르를 자유자재로 넘나들다 보니 까다로운 평론가로부터 천재성을 인정받기도 한 복입니다. 그러고 보면 미켈란젤로가 화가, 조각가, 건축가, 시인인 반면 오늘 주인공은 작가, 조각가, 기술사, 시인이다 보니 짝퉁냄새를 풍기기도 합니다.

다섯째 복은 염라대왕을 잘 만나 특별사면을 두 번씩이나 받은 복입니다. 사형선고를 한 번도 아니고 두 번씩이나 받았지만 그때마다 특별사면을 받아 이미 저승에 가 있을 사람이 살아 있어 이처럼 팔순잔치도 하고, 금혼식도, 회고록 출판기념회도 열고 있으니, 얼마나 염라대왕을 잘 만난 복이 아니겠습니까?

여섯째 복은 단명한 집안에 태어나 수명선수가 된 복입니다. 젊어서 늘 50까지 살면 좋겠고 그 이상 사는 건 덤이라 할 만큼 참봉댁 남자들의 수명은 짧았는데, 오늘 팔순잔치까지 하는 신기록을 보유한 수명선수가 되었으니, 더욱 더 큰 기록갱신에 기대를 걸어 봅니다.

주인공 소개는 간단하나마 이것으로 마치겠습니다. 감사합니다.

당신이 아니었다면

—팔순과 금혼식을 맞이하여 아내에게 바친다

당신이 아니었다면
어찌 단명한 우리 집안에서 내가 팔순을 맞이할 수 있었으리오

당신이 아니었다면
어찌 호랑이 같은 내 성격을 이처럼 순화시킬 수 있었으리오

당신이 아니었다면
어찌 가난했던 우리 집안을 풍족하게 이룩할 수 있었으리오

당신이 아니었다면
어찌 50년 동안 부부싸움 한 번 안할 수 있었으리오

당신이 아니었다면
어찌 한 해도 빠짐없이 부모님 제사를 여법하게 뫼실 수 있었으리오

당신이 아니었다면
어찌 돈독한 불심을 바탕으로 한 유교집안을 이룰 수 있었으리오

당신이 아니었다면
어찌 2남 2녀를 잘 낳아 불자로 반듯하게 키워 낼 수 있었으리오

당신이 아니었다면
어찌 내가 글지이 시인 조각가로 제3인생을 살아갈 수 있었으리오

당신이 아니었다면
어찌 사형선고를 두 번씩이나 받은 나를 살려낼 수 있었으리오

당신이 아니었다면
어찌 반세기를 이어온 수유동에서 칭송을 받으며 살 수 있었으리오

당신이 아니었다면
어찌 프로부모 재단설립의 서원(誓願)을 향해 매진할 수 있었으리오

당신이 아니었다면
어찌 몸이 늙어 아파도 하루하루를 행복하게 살아갈 수 있으리오

당신이 아니었다면
어찌 여생을 허물없이 조용히 마감할 수 있는 꿈을 꿀 수 있으리오.

2017. 2. 12
팔순과 금혼식을 맞이하여
신랑 : 한 두 현 이 신부 : 신 정 현 에게

*'말문이 열린 江' 중 재조명

잔칫상

A. 蘭코스요리
　다섯 가지 냉채
　부용 게살샥스핀
　홍소 해삼
　왕새우 칠리소스
　송이 활 전복
　아스파라거스 관자 소고기 흑후추소스
　딤섬
　탕수육　　　(서비스)
　부추잡채 빵 (서비스)
　식사
　찹쌀떡
　계절과일

B. 음료
　맥주(카스)
　고량주(연태)
　사이다
　콜라

C. 봉사료 5%
　평균 1人당

D. 유흥비 별도
　* 빽드
　* 노래
　* 시상품

八十에 上八字

○ 잘 먹고 잘 싸고 잘 자지

○ 집엔 반겨주는 아내 있지

○ 죽을 때까지 쓸 돈 걱정 없지

○ 노처녀 노총각 및 캥거루 자식 없지

○ 죽으면 제사 지내 줄 아들 손자 있지

○ 아침이면 운전해 출근할 사무실 있지

○ 하루하루 소일할 일 있지

○ 손 벌리는 자식 형제 없지

○ 일 년에 시집 한 권씩 발간해 돌리지

○ 죽으면 들어갈 짝퉁왕릉 조성해 놓았지

○ 아직 이루지 못한 서원의 꿈 있지

○ 부모님 제사를 비롯해 굶는 조상 없지

○ 죄지어 교도소 드나드는 가족 없지

○ 앞세운 자식 손자 한 명도 없지

○ 이혼하거나 아이 없는 자식 없지

○ 온가족 유교를 바탕한 불교신도 이지

○ 죽으면 제사 지내 줄 숭조빌딩 있지

○ 매달 한 번씩 고교 및 대학 친목모임 있지

○ 시집 · 저서 18권 발행 및 불상 119위 조성했지

○ 팔십이니 체면유지에 집안 수명선수가 되었지

○ 팔순 및 금혼식 친인척 120명 초청 성대히 치렀지

2017. 4. 2

中里 한두현(韓斗鉉) 시인

■ 약력

- 1938년 서울 상왕십리 출생.
  부친 별세로 고향인 강원 원주 부론 노숲 성장(돌 때부터)
- 초등학교 6학년 때 6.25발발 2년간 농업에 종사하느라 진학이 늦어짐
- 중학 3학년 때 학생회장으로 정의의 혁명심이 발동하여 전교생을 7일간 동맹휴학으로 이끌어 목적을 달성하였으나, 장기정학처분 및 수석졸업에 品行可를 받음
- 국립교통고등학교(국비) 졸업. 서울대학교 공과대학 졸업
- 35년간 섬유업계 종사, 상장회사 대표이사 사장 역임 후 자진은퇴, 제3인생 시작
- 국가발전기여공로 석탑산업훈장 수훈
- 기술사, 발명가, 글지이, 조각가
- 문예사조 시 신인상 당선 문단 데뷔
- 문예사조문인협회 회원, 서울시낭송클럽 상임위원
- 한국문인협회 회원, 국제펜클럽 한국본부 회원

■ 수상 (詩부문)

- 문예사조문학상 본상 수상
- 한국자유시인상 대상 수상
- 未堂徐廷柱시회상 수상
- 한국문학비평가협회 문학상 수상

■ 시집

- 인연(제1시집)
- 인왕산(제2시집)
- 서원의 길(제3시집)
- 마중물(제4시집)
- 몽당연필(제5시집)
- 징검다리(제6시집)
- 태풍아(제7시집)
- 어느 여의사(제8시집)
- 몰록(제9시집)
- 호모사피엔스(제10시집)
- 한두현 詩전집 1 · 2
- 말문이 열린 江(01시집)

■ 저서

- 자식을 부모의 팬으로 만들어라
  〈자녀교육해법 124장〉 나남출판
- 자식에게 무엇을 가르쳐 세상에 내보낼 것인가
  〈뿌리교육해법 124장〉 나남출판
- 자식을 우리의 옛 이야기로 길러라 1, 2
  〈이야기 인성교육 620마당〉 나남출판
- 자식교육 이제는 프로부모의 시대다
  〈전문부모의 길 74장〉 나남출판

한두현 제02시집

촛불의 푸념

초판 발행 2018 년 2 월 12 일

지은이 | 한두현
펴낸이 | 김효열
편　집 | 이현심
마케팅 | 김효숙 · 이미정 · 박미옥

펴낸곳 | **을지출판공사**

등록번호 | 1985 년 2 월 14 일 제 2-741 호
주　　소 | 서울시 마포구 성암로9안길 25
(편집실) 서울시 마포구 양화진길41, 603호
우편번호 | 04083
대표전화 | 02) 334-4050
팩시밀리 | 02) 334-4010
전자우편 | ejp4050@hanmail.net

값 15,000원

ISBN 978-89-7566-172-3　　03810